Mary Ann

Thomas Sr.

Plate 1

Kevin

Mandy

Kim

Plate 2

Tom Jr.

Kelly Ann

Tommy

Christine

Plate 3

Plate 4

Kv

Kv

Md

Km

FRA

Plate 5

Tm

Tm

KA

Ty

C

do not
cut out
white
area
between
arm and
body

Plate 6

MA

Th

Plate 7

Kv

Kv

Md

do not
cut out
white
area
between
arm and
body

Km

Plate 8

Tm

Tm

C

KA

Ty

Plate 9

MA

C

Md

do not
cut out
white area
between
arm and
body

Plate 10

do not
cut out
white area
between
arm and
body

Plate 11

Plate 12

Km

Plate 13

Plate 14

Plate 15

Plate 16